AF361062

Hommage de l'auteur
M. Chailan

UNE PROMENADE
A TRAVERS LE VIEIL ARLES

EN 1739

PAR

M. L'ABBÉ M. CHAILAN

CURÉ D'ALBARON

AIX
IMPRIMERIE ET LITHOGRAPHIE P. POURCEL
40, COURS MIRABEAU, 40

1905

UNE PROMENADE
A TRAVERS LE VIEIL ARLES

EN 1739

PAR

M. L'ABBÉ M. CHAILAN

CURÉ D'ALBARON

AIX

IMPRIMERIE ET LITHOGRAPHIE P. POURCEL

40, Cours Mirabeau, 40

—

1905

Extrait du Bulletin de la Société des Amis du Vieil Arles
N⁰ de Janvier 1905.

UNE

PROMENADE A TRAVERS LE VIEIL ARLES

EN 1739

Il existe un manuscrit arlésien que nous croyons peu connu. Il porte au dos de la couverture, en basane, ces mots : *Antiquités d'Arles*, mais le titre véritable de l'ouvrage est beaucoup plus long ; le voici en son entier : *Les Antiquités d'Arles traitées en matière d'entretien et d'itinéraire où sont décrites plusieurs nouvelles découvertes qui n'ont pas encore vu le jour, avec toutes les inscriptions tumulaires qui sont dans la ville d'Arles et son terroir, même celles qui y étoient autrefois qui ont été enlevées ou détruites, par Antoine Arnaud, bourgeois et natif de la même ville, 1739* (1). Ce volume illustré mesure dix-sept centimètres sur vingt-deux, c'est à peu près le format in-8° carré ; il compte 310 pages écrites, sans compter quelques feuilles blanches (2) ; le nombre de lignes à chaque page est assez irrégulier, la moyenne pourtant est de vingt-huit lignes. L'écriture en est belle, bien formée, presque élégante ; le style simple, sans apprêt, précis, relevé par quelques citations latines bien choisies, et par quelques pensées philosophiques assez rares ; l'orthographe seule laisse à désirer, comme d'ailleurs dans beaucoup d'écrits de ce temps ; nous la rectifierons dans nos citations, car, pour donner une idée du contenu de cet ouvrage, nous nous proposons de l'analyser et de refaire, en abrégé, le récit de cette promenade

(1) Ce manuscrit ressemble beaucoup, soit pour le titre, soit pour le contenu, au livre de Seguin, imprimé à Arles, en 1687.

(2) Les pages 105 et 106 ont été arrachées ainsi que plusieurs planches d'illustrations, notamment celles représentant les Arènes et le Théâtre romain, ce qui rend ce livre malheureusement incomplet et lui enlève de sa valeur.

archéologique à travers le vieil Arles, que, sur la demande
d' « un voyageur, versé dans la connaissance des antiquités », le bourgeois Arnaud entreprit en 1739.

Après les premières politesses et quelques entretiens sur
l'histoire d'Arles en général, ils se mirent en route et parcoururent « tant le dedans que le dehors » de cette ville si
célèbre et si estimée par les archéologues pour les précieux
débris qu'elle renferme dans son sein.

Trinquetaille

Ils se transportèrent d'abord à Trinquetaille, où ils cons-
tatèrent, par les ruines de plusieurs tours et quelques pans de
murailles, que ce faubourg était autrefois beaucoup plus
grand ; ils furent bien aises de visiter la chapelle de Saint-
Genès et sa colonne ; il y avait plusieurs débris de tombeaux
antiques, et virent même, sur l'un d'eux, un sphinx repré-
senté dans son entier. Ils poussèrent une reconnaissance
jusqu'au pont de Fourques pour voir la branche du Rhône
qui forme la Camargue ; poursuivant leur chemin, ils arrivèrent à la « Ponche », où ils trouvèrent des tombeaux en-
tiers avec leurs inscriptions (1) ; il allèrent ensuite à l'église
paroissiale de Saint-Pierre, et remarquèrent quelques tronçons de colonne dont un servait de poteau : plusieurs gisaient
le long du Rhône ; poussés par la dévotion, ils entrèrent dans
le couvent des Pères Capucins, « bâti sur une même ligne
d'une longueur prodigieuse », le plus beau de la Provence,
quoique très simple dans sa construction.

Ils traversèrent le pont de bateaux qui fait face à l'église
des Capucins, et, en le passant, quelle ne fut pas leur surprise de voir d'un seul coup d'œil l'étendue de cette ville, depuis la porte de la Cavalerie jusqu'à celle de la Roquette.
Les murailles, le pont, les clochers, les bateaux dans le
Rhône formaient une agréable perspective.

(1) Ces inscriptions sont reproduites aux pages 43, 44, 45 et 46 du
manuscrit d'Arnaud.

Extérieur de la ville

Dans l'après-midi, nos deux excursionnistes commencèrent de faire le tour extérieur de la ville. En sortant par la porte de « Marcanoù », ils longèrent la promenade de la Lice ; ils furent « charmés de voir l'agréable berceau que les arbres y forment et d'entendre le doux murmure des eaux du petit canal de la Durance » qui arrosent les jardins du Plan-du-Boug à gauche, et, à droite, d'entendre jouer au mail sous les murs de la ville. Un peu plus bas, ils trouvèrent « le couvent du Bon-Pasteur, où sont les filles pénitentes », et celui des Pères Carmes déchaussés remarquable par la belle façade de l'église. Ils prirent garde aussi aux bancs de pierre qui ornaient cette promenade.

Ils arrivèrent à la porte de la Roquette, où ils regardèrent avec attention la magnifique tour « qui est au coin des murailles de la ville et sur le Rhône » ; ils entrèrent ensuite dans la ville, côtoyèrent les murailles, virent, sur leur chemin, la porte de Genive, établie pour la commodité des habitants et sur laquelle on lisait autrefois une inscription antique.

Ils passèrent devant le grenier à sel de la ville. Antoine Arnaud donna à son compagnon ce détail qui n'est pas sans importance : « Messieurs les Consuls font distribuer, trois jours de la semaine, à chaque habitant une quantité suffisante (de sel) et à un prix fort modique ne revenant qu'à six deniers la livre ».

Ils descendirent sur le quai par la porte Sainte-Croix, admirèrent les belles colonnes qui servent d'amarres aux nombreux bateaux qui se pressent, en tout temps, sur le Rhône, passèrent devant les portes de Notre-Dame, de Saint-Laurent, du Pont, de Saint-Louis, de Saint-Martin et des Pères Prêcheurs. Arrivés à ce point de la ville, ils lurent, sur marbre noir et contre la muraille qui fait face à l'église Saint-Pierre de Trinquetaille, l'inscription si connue de 1570 : *Bello, peste*, *fame*, etc. (1) ; continuant leur marche, ils virent la porte Saint-Jean et, au delà, contre une muraille, notre voyageur inconnu aperçut les armes de l'Ordre de Malte. Antoine Arnaud lui apprit que c'était la demeure du grand prieur de Saint-Gilles depuis que les huguenots avaient abattu celle qu'il possédait dans cette cité. Il lui fit aussi considérer les restes de l'ancien château de la Trouille bâti par l'empereur Constantin pour lui et ses successeurs. Les deux archéologues passèrent devant la porte de Rousset pour se rendre à celle de Vert. Ils s'approchèrent des bords du Rhône pour voir et examiner les vestiges d'un pont romain, ils remarquèrent qu'il y avait encore deux assises de pierres qui formaient une arcade.

A quelques pas de là ils trouvèrent la porte de la Cavalerie, encadrée de deux magnifiques tours d'environ dix pieds « d'épaissseur » et ils lurent, au-dessous des statues de Minerve et de Mars, cette fière devise : *in utrumque parata*. Antoine Arnaud dit à son compagnon que la croix de pierre avec croisillons de fer, qui était là, tout près, marquait l'emplacement de l'ancienne église des Templiers ; il lui apprit aussi que les armes que l'on entrevoyait, au loin, sur le couvent des pères Récollets, étaient celles du maréchal duc de Villars, ancien gouverneur de la Provence.

Ils passèrent, sans s'arrêter, à la Porte dite Agnel, sans doute parce que « ce quartier est habité par des bergers qui sont en grande quantité en cette ville » ; ils remarquèrent pourtant que les murailles de la Cité reposaient sur le rocher. Ils pénétrèrent ensuite sous un portail qui les conduisit à une plate-forme laquelle aboutit à la porte de l'Aure. Ils regardèrent avec intérêt, en cet endroit, deux belles tours encore intactes, et aperçurent, sur les murailles de la ville, en relief, une divinité païenne : un Priape. La Plate-Forme, à cause de la bise, attire en hiver presque toute la ville, « on l'appelle, suivant un ancien proverbe, la Cheminée du roi René ». De

(1) Elle se trouve, en son entier, p. 55, de notre manuscrit.

là l'inconnu découvrit une vaste plaine, à perte de vue, le Plan-du-Bourg ; il avoua qu'il n'y avait pas de plus beau coup-d'œil ; ils remarquèrent aussi la vieille tour Rolland et les trois arcs de l'ancien théâtre romain ; enfin ils rentrèrent dans la ville par la porte « Marcanou » d'où ils étaient sortis, remettant au lendemain la suite de leur captivante promenade.

Le jour venu ils se rendirent, en toute hâte, aux Alyscamps. Ils n'eurent pas de peine à reconnaître l'ancienneté de ce cimetière, l'un des plus célèbres de la Gaule : le vieux nom de Champs-Elysées qu'il portait autrefois, le grand nombre de tombeaux avec leurs inscriptions consacrées aux dieux mânes qu'il renferme, en sont autant de preuves manifestes. Ils se plurent longuement à lire ces épitaphes (1), très curieuses, comme on sait. Ils ne tardèrent pas à trouver la chapelle du Crucifix, bâtie des débris de l'ancien monastère de filles fondé par Saint-Césaire. Il reste encore une partie de la voûte de l'église, formée par un arc soutenu par deux colonnes, et deux anciens tombeaux sont enchâssés dans le mur, l'un appartenant à la famille de la Tour et l'autre à celle de Romieu, avec leurs armes respectives. Un peu plus loin ils passèrent devant la chapelle de l'ancienne maison des Porcelets ; ils virent sur l'ancienne porte de Saint-Honorat cette inscription : *Beati qui in Domino moriuntur.* Ils entrèrent et remarquèrent qu'une partie de cette église avait été détruite « pour empêcher que les Sarrasins ennemis de la religion chrétienne ne s'y fortifiassent. » Ils aperçurent, à gauche, dans la partie antérieure, plusieurs débris de tombeaux en marbre de fort bon goût, et, contre une chapelle, les figures de neuf bacchantes, échevelées, séparées et disposées comme suit : sept à un endroit et deux à une autre. Ils pénétrèrent ensuite dans la partie conservée, et après avoir adoré le Saint-Sacrement, ils commencèrent leur visite par la chapelle de gauche dédiée à saint Polycarpe, à saint Genès et à saint Marin, où ils virent quatre colonnes de marbre émer-

(1) On peut les lire dans le manuscrit, à partir de la page 66.

geant de terre, pourvues de leurs chapiteaux de divers
ordres. Ils remarquèrent dans la chapelle de Renaud d'Al-
leins (à l'entrée de l'église vis-à-vis la chapelle Notre-Dame)
le devant de l'autel, en bas-relief formé d'une partie d'un
tombeau de marbre. Ils montèrent ensuite les degrés qui vont
du côté de l'Évangile pour trouver l'issue qui donne dans le
cloître, et ils aperçurent un fragment de tombeau avec inscription (1), dans un petit cartouche. Le tombeau de saint
Honorat fort simple et de pierre commune sert de maître-
autel ; au-devant est une balustrade en marbre qui représente en relief divers mystères de l'ancien et du nouveau Tes-
tament. Le père minime sacristain qui, « avec beaucoup de
bonté », leur servit de guide, leur fit voir « les Catacombes ».
Ils trouvèrent un petit autel de pierre, témoin des premières
messes célébrées dans la contrée, et sept sépulcres antiques
d'un riche travail, empilés les uns sur les autres, lesquels ont
servi à ensevelir les corps de nos premiers saints. Le bon
Père les conduisit ensuite à la chapelle de St François de Paule
où est appendu un tableau de Rome dû à un bon pinceau. et,
de là, à la chapelle de Notre-Dame-de-Grâce. L'étranger
contempla avec intérêt la statue de la Vierge, d'un marbre
très blanc et qui, par la beauté du travail, égale les plus belles
pièces de l'antiquité. L'autel de cette chapelle est le tombeau
de saint Trophime ; les Minimes, pour en relever la simpli-
cité, « y ont fait incruster le devant d'un tombeau de marbre
blanc, orné de trois figures, dont celle du milieu représente
Jésus-Christ qui, d'une main, présente l'Evangile à Geminus
Paulus, gouverneur des neuf provinces, et de l'autre [donne]
sa bénédiction » (2). L'ornementation de cette chapelle est des
plus riches. Dans la sacristie, les deux pèlerins lurent l'épitaphe de notre premier évêque, bien connue des archéologues (3).

(1) Elle est rapportée en entier à la p. 76 du manuscrit.
(2) C'est aujourd'hui l'autel de la chapelle du Saint-Sépulcre, dans
Saint-Trophime.
(3) La voir à la page 84 du manuscrit.

Ils sortirent ensuite et virent plusieurs sépulcres avec inscriptions enchâssés dans le mur du réfectoire des religieux ;
ils pénétrèrent dans le couvent et regardèrent, adossé dans
la cuisine, le tombeau de marbre de la jeune fille Chrysogone
qui servait de lavoir (1), visitèrent le dortoir fort beau et descendirent à l'extrémité opposée, par un escalier au bas duquel
ils trouvèrent le parloir, où ils lurent l'inscription relative à
la peste de 1721, commençant par ces mots : *Siste, viator, et
mirare* (2).

Après avoir remercié le religieux qui les avait si bien con-
duits, ils s'assirent sur des tombeaux renversés pour prendre
un moment de repos, et ils remarquèrent que le seuil de la
porte de l'église était formé par un fort beau tombeau de marbre, renversé, avec figures en bas-relief. Ils montèrent ensuite
sur la petite colline qui était devant eux, virent la chapelle
de Saint-Berthulfe et la pyramide de pierre élevée aux nota-
bles de la ville morts de la peste en 1721. La chapelle de
Notre-Dame-de-Bellis attenante à l'hôpital des Lépreux ou de
Saint-Lazare, et à quelques pas de celle de la Genouillade,
attira un moment leurs regards. De là, ils atteignirent la
colline de Mouleyrès où sont les moulins à vent de la ville et
l'église Saint-Pierre des Alyscamps plusieurs fois détruite et
rebâtie. En s'en retournant ils descendirent dans le clos de
M. Aulanier, et admirèrent quatre bornes avec quatre pierres sépulcrales, revêtues d'inscriptions (3). Insensiblement ils
arrivèrent à la porte de « Marcanoù », rebâtie en 1707, où
ils virent la statue équestre de Louis XIV en demi-relief
ainsi que les trois inscriptions qui la décorent (4). Ils rentrèrent pour dîner et se remirent de nouveau en marche le soir
afin de visiter l'intérieur de la ville.

(1) P. 93 se trouve l'inscription relative à Chrysogone, que l'on peut
lire au Musée de la ville, où le tombeau a été transporté.

(2) Elle est à la page 95.

(3) On peut lire à partir de la p. 132 jusqu'à la page 135, diverses inscriptions rencontrées dans ces parages.

(4) Voyez-les aux pp. 137 et 138.

Intérieur de la Ville

Ils commencèrent par l'Hôtel-Dieu. Au milieu de la cour ils aperçurent un magnifique tombeau de marbre « ayant une corne d'abondance de chaque côté, et à chaque bout une patère ou un disque, si l'ont veut, et une cognée seulement à un bout ». Dans un cartouche se lisait une inscription (1). Comme ce tombeau attirait les regards, il fut placé à cet endroit, comme plus convenable, en 1726 (2). On voyait au-dessus deux pierres sépulcrales avec figures en demi-relief ainsi qu'une statue de Jupiter sans tête, et au-dessous un tronc pour recevoir les aumônes des curieux. Au sortir de l'Hôpital ils remarquèrent, enchâssée dans la muraille de la cuisine des pères Oratoriens, une figure en bas-relief avec deux lignes d'inscription au bas (3). A quelques pas de là ils trouvèrent la place du Marché. Ils considérèrent des pierres d'une grosseur prodigieuse qu'ils virent sous l'arc antique, contre la muraille de l'Archevêché, que l'on croit des restes des thermes romains, et en les contemplant ils en avaient le cœur attendri :

> Tempus edax rerum, tuque invidiosa vetustas,
> Omnia destruitis, vitiataque dentibus ævi
> Paulatim lenta consumitis omnia morte (4).

Ovid. Métam. liv. 15.

Ils ne manquèrent pas de considérer l'Obélisque dédié à Louis XIV, surmonté d'un globe azuré et parsemé de fleurs de lis que dominait un soleil rayonnant : ils lurent sur les

(1) Elle est rapportée p. 151.

(2) Il est aujourd'hui au Musée de Marseille, c'est le beau sarcophage de *Cæcilia Aprulla*.

(3) Voyez-les, p. 154.

(4) O temps qui dévores tout, et toi vieillesse envieuse, rien n'échappe à vos coups ; vos cruelles atteintes usent tout ; par un lent trépas, vous consumez insensiblement les êtres.

quatre faces du piédestal les inscriptions composées par Pel-
lisson, l'académicien, en l'honneur du roi (1).

L'église de Saint-Trophime est sur la même place : ils y
entrèrent après avoir examiné le portail avec ses sculptures ;
ils remarquèrent parmi les douze statues qui le décorent celle
de notre premier évêque avec ces deux vers gravés en lettres fort abrégées sur son pallium :

Cernitur eximius vir Christi discipulorum
De numero Trophimus hic septuaginta duorum

Dans la Basilique ils virent les trois nefs soutenues par de
gros piliers qui « ressentent l'Antiquité ». Les quelques tombeaux de personnages de qualité, enchâssés dans les murailles, ne leur échappèrent pas. Ils distinguèrent, à gauche, les
fonts baptismaux formés d'un tombeau antique, le tableau de
la chapelle qui suit représentant Jésus mourant, très beau
et très estimé des connaisseurs, aussi bien que celui, un peu
élevé, qui est en face de la grande porte, où est peint le
martyre de saint Etienne, et celui de la chapelle où est le
mausolée de Mgr du Laurens, représentant l'adoration des
Mages. Sur le Maître-Autel, sous le dôme, il y a un taber-
nacle d'argent rehaussé d'une croix en vermeil, le tout riche-
ment travaillé. A la Sacristie, où ils allèrent ensuite, ils
virent la Sainte-Arche en argent, deux bustes de vermeil de
grandeur naturelle, un plus petit encore en vermeil et un
autre en argent, plus cinq châsses en bois doré, précieux
reliquaires des grands saints arlésiens : Trophime, Honorat,
Genès, Rusticule, Louis Allemand, etc. Un cornet d'ivoire
qui servait à appeler les fidèles avant l'usage des cloches
attira surtout leur attention.

Au sortir de l'église, ils visitèrent le palais archiépisco-
pal, rebâti par Jean-Baptiste de Grignan, archevêque d'Arles. Dans la cour ils aperçurent différents débris anciens,

(1) Elles sont aux pp. 159 et 160 du manuscrit.

entre autres, la margelle du puits, formée d'une base de colonne d'une grandeur prodigieuse qui fut creusée pour cet usage.

En montant l'escalier de l'Archevêché ils remarquèrent quelques débris de tombeaux (1) et différentes urnes. Ils visitèrent la chambre de l'Archevêque, pourvue d'un très bel ameublement et ornée de très beaux tableaux sur la corniche de la cheminée. Ils prirent garde à plusieurs autres pièces antiques. De là ils furent introduits dans une galerie où ils virent le nom de tous les archevêques d'Arles, écrits sur des cartouches avec les portraits de plusieurs d'entre eux. La bibliothèque était remplie de toute sorte de livres rares et curieux (2). On eut la bonté de les conduire aux archives où on leur montra les actes originaux de plusieurs conciles tenus dans Arles, revêtus de leurs sceaux, et plusieurs manuscrits ainsi que « la Bulle d'Or » qui contient les donations et les privilèges extraordinaires que les Métropolitains d'Arles obtinrent de la libéralité des empereurs. Ils parcoururent tous les appartements qu'ils trouvèrent bien meublés, dans l'un desquels ils s'extasièrent devant une très belle et ancienne tapisserie représentant le siège de Troie.

Après avoir rendu leurs humbles devoirs à Monseigneur de Forbin Janson, ils revinrent sur la place du Marché, considérèrent les deux fûts de colonne placés et couchés en face des degrés de l'église Sainte-Anne, aujourd'hui Musée Lapidaire. Ils remarquèrent, sur cette église, les armes de France, et, à côté, une borne milliaire avec son chapiteau, tirée depuis plusieurs années de la « Ponche », sur laquelle ils lurent en abrégé ces mots : « Imperatori Cæsari, Flavio, Valerio, Constantino, Pio, Felici, Augusto. »

L'Hôtel de Ville attira ensuite leur attention. Ils trouvèrent « qu'il est bâti d'une pierre blanche et que trois grandes cor-

(1) Les inscriptions relevées sur ces débris sont aux pp. 189-195 du manuscrit.

(2) On n'ignore pas que Monseigneur de Forbin-Janson était un grand amateur de livres et d'antiquités.

niches le divisent en autant d'étages et autant de différents ordres d'architecture ». Au rez-de-chaussée sont six gros pilastres donnant naissance dans leurs intervalles à un pareil nombre de fenêtres et à un magnifique portail. Au premier étage ils prirent plaisir à voir le beau balcon au milieu de quatre hautes et épaisses colonnes, et les fenêtres ornées de « branches de chêne et de palme qui s'étendent sur le mot Arélas en chiffre ». Les médailles des six premiers rois d'Arles, dont plusieurs avec couronnes au milieu de deux lamies ne leur échappèrent pas ; ils lurent même les inscriptions, en gros caractères : *Boso I Arelat. Rex. etc.* Le dernier étage est enrichi des armes de France et de Navarre. Elles sont soutenues par deux Renommées de douze pieds de hauteur, ayant deux prisonniers à leurs pieds, et au-dessus la tête du roi sous la forme d'un soleil qui fait le couronnement de cet édifice. Les armes de la ville : d'*argent à un lion d'or accroupi* avec la devise : *ab ira leonis* paraissent sur les deux magnifiques portes de ce monument.

En entrant ils trouvèrent « un grand vestibule », et remarquèrent quatre bustes des premiers comtes de Provence, avec leurs armes au-dessous, sur quatre portes vis à-vis les unes des autres, formant un ensemble fort agréable ; mais ce qui les frappa le plus dans cette salle, c'est la voûte, une des plus hardies, et qui contribua à la gloire de son auteur (1). Elle s'appuie sur vingt colonnes d'ordre dorique de vingt pieds de haut, placées deux à deux, et sont formées d'une pierre aussi blanche que l'albâtre. Ils virent en face du grand escalier la statue du roi (2) de grandeur naturelle ; ils relevèrent l'inscription gravée sur le piédestal ainsi que celles qui sont sur les deux portes (3). Ils montèrent ensuite par le grand escalier pour aller voir les deux salles principales et aperçurent,

(1) On n'ignore pas que c'est Mansard qui a approuvé le plan de l'édifice et l'a modifié, et que c'est Peytret qui l'a fait exécuter.

(2) Elle a été brisée pendant la Révolution, ainsi que les bustes des comtes de Provence.

(3) On peut les lire, pp. 200 et 201 du manuscrit.

non sans surprise, une copie de la fameuse statue deVénus (1),
et sur les portes deux bustes excellents, l'un de Charles
d'Anjou dernier comte de Provence , et l'autre du roi
Louis XI qui fut son héritier et son successeur ; ce dernier,
sur la porte de la grande salle, est orné de plusieurs trophées
d'armes. Ils ne firent que traverser ce premier appartement,
un des plus grands qu'on puisse voir. En sortant ils aperçurent une statue égyptienne sans tête et sans pieds, entourée
d'un serpent avec les douze signes du zodiaque. Elle tournait
sur un piedestal par le moyen d'un pivot ; une inscription se
lisait au bas (2). De là, ils se rendirent aux archives, bien
dignes d'être visitées. La salle où elles sont renfermées est
voûtée, grillée et fermée par une double porte en fer, pour la
prémunir contre l'incendie. On les conduisit ensuite dans une
autre salle destinée autrefois aux réunions de l'Académie
royale d'Arles.

Ils sortirent de l'Hôtel de Ville par le Plan de la Cour et
se dirigèrent vers le collège, où ils virent, devant la porte
des Pères Jésuites, les deux tronçons d'une colonne de marbre (4) ; ils descendirent dans les caves de M. Granier, de
M. Begou et dans celle des Jésuites, où ils aperçurent des
niches, des colonnes, quelques arcades disposées en rond,
presque toutes dans la terre : c'était la suite des thermes
remarqués sur la place du Marché. Ils passèrent devant la
maison de M. de Barrême, autrefois de M. de Rebattu, et
lurent une inscription tumulaire sur une pierre à l'angle de
cette maison (5). A quelques pas de là, ils trouvèrent la place

(1) Il est parlé de cette statue très au long, pp. 211-216, du manuscrit.

(2) On a reconnu, à cette description, la statue du dieu Mithra, qui est
maintenant au Musée. — Un chapitre spécial lui est consacré dans ce manuscrit, aux pp. 207-211. On y voit le dessin de ce fragment d'antiquité,
fait à la plume, et l'inscription composée par les consuls de 1723.

(3) Il est parlé de cette Académie aux pp. 203-205 du manuscrit.

(4) Le manuscrit donne le dessin de cette ancienne borne milliaire,
lorsqu'elle était intacte, et rapporte l'inscription qu'on y voyait, p. 217.
Elle se trouve aujourd'hui au Musée lapidaire.

(5) Voir p. 218 du manuscrit cette inscription et le dessin de cette
pierre.

du Cestier (aujourd'hui du Forum), agrandie et bien ombragée. Ils remarquèrent « le palais de la juridiction consulaire, une colonne de granit élevée sur terre de plus d'une toise où pend un carcan pour les malfaiteurs », et les restes du Forum, admiré de tous les connaisseurs « qui ont soin d'en prendre une ébauche ». L'église Saint-Lucien ne manqua pas d'appeler leur attention, à cause de son ancienneté ; on venait d'en démolir une partie pour agrandir la place ; à côté de la maison curiale, ils aperçurent une colonne avec sa base, reste d'un ancien temple païen qui se trouvait là. Notre bourgeois apprit à son compagnon qu'avant la démolition d'une partie de cette église, on descendait dans une cave souterraine, profonde et fort grande, car elle comprenait encore le dessous de plusieurs maisons voisines ; on y voyait six ou sept arceaux, les restes des thermes romains, mais surtout un ancien autel de pierre qui servait aux premiers chrétiens lors des persécutions.

Avant de se rendre au théâtre romain, nos deux pèlerins allèrent examiner quelques collections particulières. Ils trouvèrent deux beaux chapiteaux de marbre blanc d'une grosseur peu ordinaire, l'un à la maison de l'abbé de Saint-Andiol, ancien archidiacre, habitée autrefois par M. d'Augières, et l'autre à celle possédée par M. de Viguier, gendre de M. de Faucher. Ils s'arrêtèrent aussi chez M. de Sabatier, chanoine et théologal, où ils lurent avec difficulté une inscription curieuse, dont ils prirent note (1). Ils passèrent ensuite chez M. de Romieu, qui leur montra, dans la cour de sa maison, un tombeau tiré des Alyscamps avec l'inscription : *D. Corelio Valeriano*, etc. (2). Tout de suite après, ils descendirent du côté des Religieuses de la Miséricorde pour voir une pierre sépulcrale avec son inscription (2), autrefois dans l'église de Saint-Georges, située dans ce quartier. Ils visitèrent ensuite en détail le théâtre romain, dont le plan a

(1) La maison de M. de Sabatier appartenait autrefois à M. Martin, ancien procureur au siège, p. 223.

(2) La voir en entier, p. 224 de notre manuscrit.

été dressé plusieurs fois, notamment par les architectes Peytret et Guibert.

Ils remarquèrent, au nord, trois arcs, des portiques : le premier est celui par lequel on pénètre dans l'enceinte du théâtre et par où ils entrèrent ; l'autre est dans la maison voisine, et le troisième fait partie du couvent des Pères Cordeliers. Au midi, il reste aussi trois arcs. Ils nous disent qu'il y avait en tout quarante-huit arcs, savoir : onze derrière la scène de dix pieds de largeur, sur chaque aile trois grands arcs de quatorze pieds de largeur, avec autant de doubles pilastres, et trente-un dans le demi-cercle de douze pieds de largeur avec simples pilastres : ils le déduisent des fondements qui restent encore. Le diamètre du théâtre avait cinquante cannes. Ils aperçurent sur les arcs du nord une belle corniche qui régnait autour du bâtiment, et, ce qui est assez curieux, deux frises dont l'une est dorique, ornée de têtes de taureaux séparées par des disques, et l'autre corinthienne, avec un beau feuillage, plusieurs petits amours ailés, des taureaux à mi-corps, et des oiseaux, le tout d'un travail délicat et qui mérite l'attention. Ce qu'ils nous apprennent ensuite de ce monument est assez connu et ne mérite pas d'être rapporté.

Ils continuèrent leur promenade par la visite de l'église du monastère de Saint-Césaire, dont ils relatent peu de curiosités, si ce n'est deux inscriptions (1). Ils ne tardèrent pas d'arriver à l'amphithéâtre. Sa forme est ovale, il était enrichi, au dehors, par deux portiques qui l'environnaient. Ils remarquèrent les trois étages de pierre de taille, de soixante arcades chacun. Ils nous donnent ensuite les différentes mesures du monument, en s'appuyant surtout des dires du père Joseph Guis, prêtre de l'Oratoire, connu par sa *Description de l'Amphithéâtre*. La partie intérieure est toute défigurée, il n'y a plus aucun siège en place ; le dehors est occupé par des maisons qui empêchent de voir le monument dans toute son

(1) Les voir, pp. 237 et 238 du manuscrit.

étendue. Ils aperçurent néanmoins les arcs du second et du troisième étage, avec leurs colonnes d'ordre italique et composé. Ils lurent sur la porte d'une écurie, en gros caractères, ces lettres :

V S. DD. PAS

Ils allèrent ensuite voir l'église collégiale et paroissiale de Notre-Dame la Major, une des plus anciennes de la ville. comme le témoignent plusieurs gros piliers et l'inscription connue : *Anno creati orbis 4414*, etc. (1), « tirée fidèlement d'une pierre toute fendue qui était au-dessus de la porte de l'église quand le devant fut refait l'an 1592 ». Au sortir de cette église, ils considérèrent la partie des Arènes contre laquelle on n'a point bâti de maison, et au commencement de la rue des Baptêmes, les vestiges de la porte de l'amphithéâtre qui regarde le levant et que l'on appelle porte de Marseille. Ils passèrent par la rue Saint-Paul et se rendirent au couvent des Récollets, bâti récemment et achevé grâce aux libéralités du maréchal de Villars. Ils visitèrent le dortoir, dans lequel ils virent, sans y entrer, une bibliothèque remplie de beaux livres. Dans l'église, fort régulière, ils remarquèrent le maître-autel en marbre, la chapelle dédiée à la Sainte-Vierge et celle du Crucifix appartenant à la famille de Sabatier, où se lit une épitaphe en l'honneur d'un membre de cette maison (2) :

Vir patricius Johannes Sabaterius, ad omnia
summa natus, rei familiaris locupletissimus,
rerum agendarum solertissimus, rei —
publicæ Arelatensis ingenii sui
præstantia consul creatus, dùm pro
Fide, pro Patria, pro Rege, adversus
acerrimos christianæ Religionis

(1) Reproduite, p. 245 du manuscrit.
(2) Nous donnons ici cette épitaphe ; elle est assez peu connue. Elle se trouve aujourd'hui au château de l'Armellière (Camargue), ancienne propriété de la famille.

hostes strenuë pugnat, ingentibus
civium lacrymis immaturo interitu
repente cecidit. Uxor mæstissima,
carissimi liberi, parentes incomparabiles,
amici, universusque populus
Arelatensis adornandi illius causa
flebiliter posuere. Anno M. D LXXVI.

En sortant de cette église ils passèrent devant la porte de la Cavalerie et se rendirent à la rue Saint-Claude, embellie anciennement par un arc de triomphe appelé *Arc admirable*. Il n'en reste aucun vestige. De cette rue ils descendirent sur le Rhône par la porte de Vert où ils examinèrent le massif de pierres qui soutenait l'ancien pont, lequel devait être sur la même ligne que la porte de l'amphithéâtre. De là ils se rendirent à l'église Saint-Julien. Ils jetèrent les yeux sur une colonne de marbre rouge et blanc qui soutient le coin du clocher, et un peu plus au-dessous et contre la muraille une colonne de granit trouvée en creusant les fondements de la partie qui manquait à cette église. Etant entrés ils virent un chapiteau de marbre d'ordre corinthien d'une grosseur prodigieuse, qui sert de fonts baptismaux. Ils ne manquent pas de mentionner que cette paroisse possède les reliques de l'illustre père du désert, saint Antoine.

En se rendant aux ruines du palais de Constantin, ils passèrent devant la maison du marquis d'Estoublon (de Grille) et virent une colonne près de la porte d'entrée, trouvée en cet endroit lorsqu'on creusa les fondements de cette habitation. Ils se rendirent de là à la porte Saint-Jean où ils remarquèrent un vieux palais ruiné et d'un grand circuit avec une tour ; ce palais s'étendait jusqu'à la maison de M. de Beaumont, comme le marque un vieux pan de muraille qui est entre cette maison et celle de M. Proal. Ils connurent aisément que ce bâtiment devait être « superbe », ainsi qu'on peut le juger, par la découverte de plusieurs colonnes de marbre, comme celle exhumée d'une maison voisine de celle de feu M. Guibert,

architecte, par les nombreux débris d'architecture d'un travail
très riche trouvés dans les maisons de Messieurs de Barthé-
lemy, de Valleriole et du serrurier Tourre, et par une grande
quantité de pierrres froides, d'une grande largeur, qui ser-
vaient au pavage de la cour, recueillies il y a quelques années,
à dix pans sous le terrain, devant la maison de M. Guibert où
elles sont encore.

On leur montra chez M. de Valleriole une longue pierre plate
portant une inscription (1), et chez M. de Beaumont, une urne
de marbre blanc trouvée en cet endroit ; puis ils allèrent voir
l'église des pères Prêcheurs, une des plus belles de la ville.
Dans le cloître ils lurent une ancienne inscription (2) sur une
pierre de marbre enchâssée dans la muraille. Ce fut avec
beaucoup de peine qu'un frère les introduisit dans la dépense
du couvent pour y examiner un tombeau de marbre antique
avec son inscription (3) ; il sert à contenir l'huile à l'usage des
religieux, voilà pourquoi on ne le fait pas visiter volontiers.

A la sortie du couvent ils descendirent par la rue Neuve, habitée autrefois par les Juifs, au bout de laquelle ils trouvèrent
une petite place qui venait d'être faite depuis trois ans. Là,
il y avait anciennement un arc de triomphe, élevé en l'honneur
de Constantin, au travers de la rue, sous lequel on passait
pour aller à la porte Saint-Martin. Poursuivant leur chemin
ils passèrent devant l'église paroissiale de ce nom, desservie
par les prêtres de Sainte-Garde auxquels est confiée pareil-
lement la direction du Séminaire, bâti depuis peu par Mgr de
Forbin-Janson. De là ils se rendirent dans la rue Saint-Laurent où ils virent plusieurs tronçons de colonne, notamment
devant la porte de l'église paroissiale, et, chez M. Vestier,
une pierre assez grande avec inscription (4).

Etant dans ce quartier, ils allèrent considérer la manufac-

(1) Elle est à la p. 258 du manuscrit.
(2) La voir à la p. 259 du manuscrit.
(3) C'est le magnifique tombeau de *Cornelia Jacæa*, aujourd'hui au musée lapidaire.
(4) Elle est rapportée à la p. 262 du manuscrit.

ture de tabac, dans une vaste et grande maison (1) à la porte
de laquelle il y avait une colonne de granit. Au planet de
Boucicaud on leur montra dans la boutique d'un chirurgien
une urne antique. Un peu plus haut ils visitèrent l'église
Sainte-Croix, une des plus grandes par l'étendue de la
paroisse. Ils remarquèrent les gros piliers de l'église qui
dénotent son ancienneté, et les débris du tombeau en marbre
où reposait le corps de saint Florentin, abbé, à l'entrée du
monument. On l'a mutilé pour l'embellissement d'un nouvel
autel de la paroisse.

En se retirant ils trouvèrent sur leur chemin l'ancienne maison des Porcelets (2) ayant, sur sa façade, les figures de neuf
cochons dont huit sur la même ligne et un par-dessus les
autres ; c'est la demeure de M. Damian de Vinsargues ; à côté
se trouvait la petite place ou planet de l'Orme (3), Sans se
détourner de leur chemin ils allèrent voir quelques restes des
anciennes murailles de la ville, derrière la maison de M. du
Laurens, baron de Beaujeu. Ces murailles allaient rejoindre
l'arc de triomphe, près la porte de Saint-Martin. Ils arrivèrent
bientôt devant l'église des pères Mathurins ou Trinitaires ; la
voyant ouverte ils y entrèrent pour adorer le Saint-Sacrement.
Le sacristain leur montra le trésor du couvent, remarquable
par les nombreux objets d'art qu'il renferme et les insignes
reliques qu'il possède. Ils admirèrent la statue d'argent doré
de saint Roch que la ville d'Arles fit faire en 1631 par Jean
Pic, orfèvre, et « la caisse envoyée de Savoie » c'est-à-dire
le reliquaire destiné à contenir les ossements du saint.

Au sortir de l'église, ils entrèrent dans le collège des Pères
Jésuites que la ville venait de faire bâtir ; ils le trouvèrent
fort beau. Ce fut la dernière visite de nos pèlerins. Ils se reti-
rèrent à l'auberge pour prendre leur repas et deviser une dernière fois encore sur les belles choses qu'ils venaient de voir.

(1) Elle appartenait à M. de Pérignan et se trouvait à l'intersection des
rues du Bureau de Tabac, de la Roquette et de la Croix-Rouge.
(2) Aujourd'hui maison Calment.
(3) Ancienne place des Porcelets, actuellement place d'Anthonelle.